まちごとチャイナ

福州郊外と開発区
Fujian 004 Around Fuzhou
「閩江」の流れとともに

Asia City Guide Production

【白地図】福州

CHINA
福建省

福州

Fuzhou

白地図

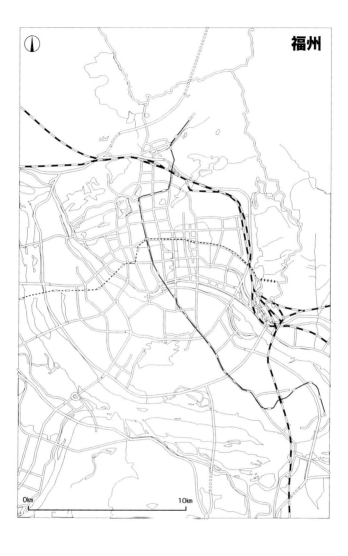

【白地図】福州旧城と南公園

CHINA
福建省

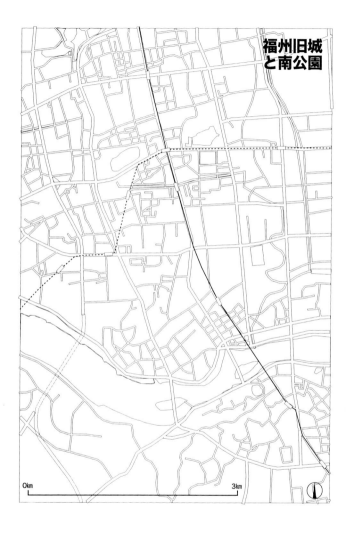

福州旧城と南公園

Fuzhou

白地図

【白地図】福州南公園

CHINA
福建省

【白地図】南台

CHINA
福建省

【白地図】蒼前山

CHINA
福建省

【白地図】福州郊外と開発区

CHINA
福建省

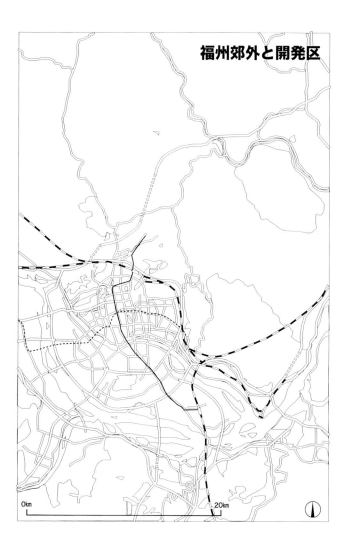

【白地図】鼓山

CHINA
福建省

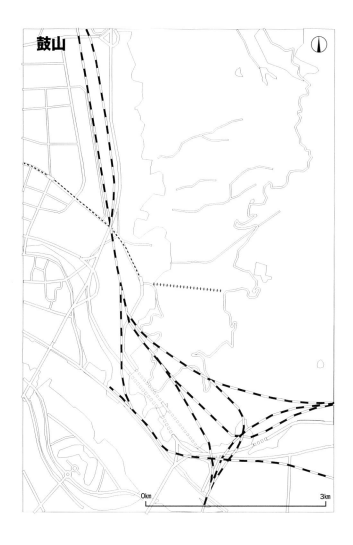

鼓山

Fuzhou

白地図

【白地図】涌泉寺

CHINA
福建省

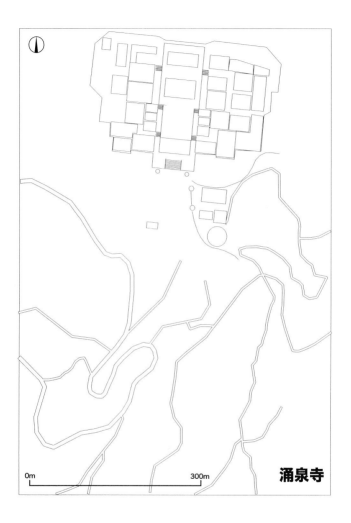

【白地図】南西郊外

CHINA
福建省

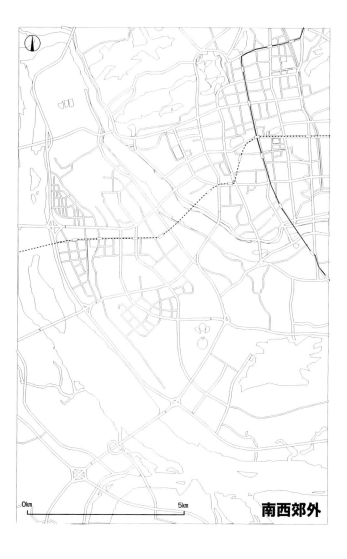
南西郊外

【白地図】福州北郊

CHINA
福建省

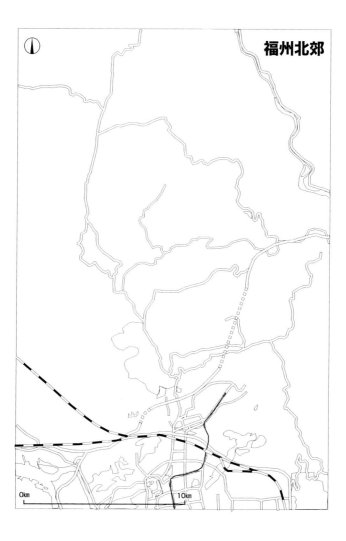

【白地図】福州東郊外

CHINA
福建省

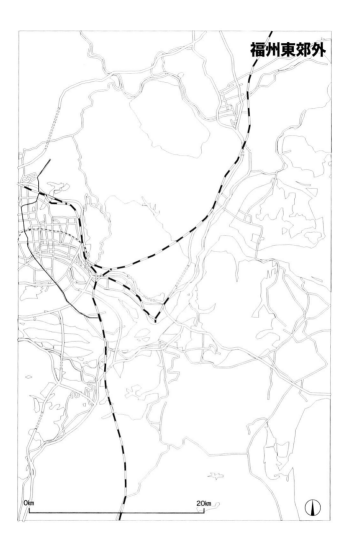

【白地図】馬尾

CHINA
福建省

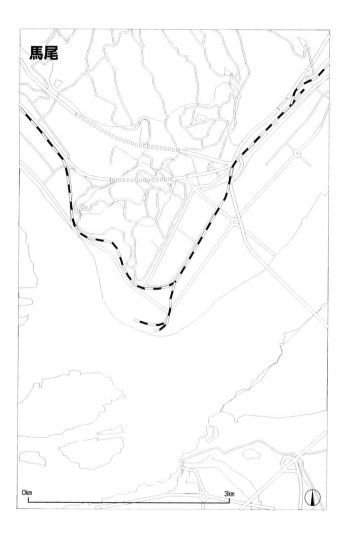

【白地図】福州郊外

CHINA
福建省

福州郊外

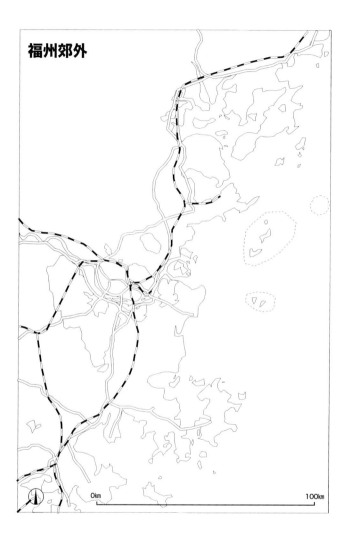

Fuzhou 白地図

【まちごとチャイナ】

001 はじめての福建省

002 はじめての福州

003 福州旧城

004 福州郊外と開発区

005 武夷山

006 泉州

007 厦門

008 客家土楼

CHINA
福建省

武夷山系から福建省北部を流れて、福州にいたり、東海へとそそぐ閩江。この閩江の恵みを受け、明清時代（1368〜1912年）の福州は中国東南沿岸部を代表する港町となっていた。福建省の省都がおかれて政治の中心となり、中国皇帝に朝貢するため、この福州を目指す琉球船の姿があった。

1842年、アヘン戦争後の南京条約で上海や広州などとともに開港が決まり、福州閩江沿いに西欧の商館、領事館、教会がならんだ。一方、中国清朝は西欧列強の進出に対抗するため、

福州郊外と開発区
Around Fuzhou

福州に軍港、造船所、翻訳館をつくって近代化を進めた。

このような街の発展とともに、「福州旧城」から河港に近い「南台（閩江のほとり、閩江南岸に西欧の領事館がおかれた）」、より海運の利がある「馬尾」へと福州は拡大を続けてきた。現在は福州旧城東郊外に開発区が整備され、閩江沿いには高層ビルが林立している。

【まちごとチャイナ】

福建省 004 福州郊外と開発区

目次

福州郊外と開発区	xxviii
閩江口河港から海港へ	xxxiv
南公園城市案内	xlv
台江城市案内	lv
蒼前山城市案内	lxvii
福州琉球500年の交流	lxxxiv
鼓山城市案内	xciii
南西郊外城市案内	cxi
福州北郊城市案内	cxix
馬尾城市案内	cxxix
福州郊外城市案内	cxlvi
福州と海往来する人たち	clvii

【MEMO】

福州郊外と開発区

Fuzhou

【地図】福州

【地図】福州の［★★★］
- ☐ 鼓山 鼓山グウシャン
- ☐ 涌泉寺 涌泉寺ヨォンチュゥアンスウ

【地図】福州の［★☆☆］
- ☐ 閩江 闽江ミィンジィアン
- ☐ 万寿橋 万寿桥ワァンショウチィアオ
- ☐ 厳復墓 严复墓ヤァンフウムウ
- ☐ 福州市海峡奥体中心 福州市海峡奥体中心
  フウチョウシイハァイシャァアオティイチョンシィン
- ☐ 閩江金山寺 闽江金山寺
  ミィンジィアンジィンシャンスウ
- ☐ 張経墓 张经墓チャァンジィンムウ
- ☐ 林則徐墓 林则徐墓リィンチェエスウムウ
- ☐ 福州森林公園 福州森林公园
  フウチョウサァンリィンゴォンユゥエン
- ☐ 崇福寺 崇福寺チョォンフウスウ

福州

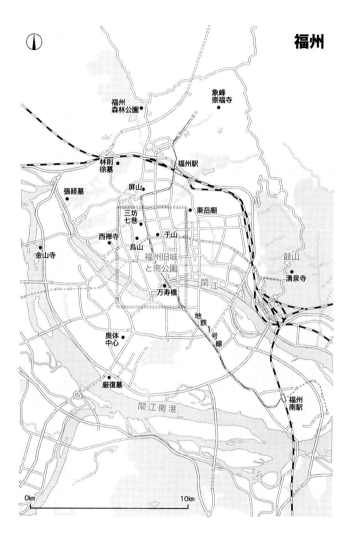

Fuzhou　福州郊外と開発区

閩江口
河港から
海港へ

CHINA
福建省

亜熱帯のモンスーン気候に属し
年間を通じて湿気が多く温暖な福州
福建省都のこの街に使節や商人が集まった

閩江に育まれた

古代華南の地には、甌江（浙江）の「甌越」、閩江（福建）の「閩越」、珠江（広東）の「南越」というように漢族と異なる百越族が水系ごとに暮らしていた。武夷山系から流れてきた閩江は、福州にいたる手前で、南の「烏龍江（南港）」と北の「閩江（北港）」にわかれ、北の閩江北岸に「福州旧城」が広がる。南北ふたつにわかれた流れは市街下流20kmの地点で再び合流し、羅星塔の立つ「馬尾（福州の外港）」を過ぎてから北東へ流れを変え、東海にそそいだ。この閩江に関して、マルコ・ポーロ（1254〜1324年）は「フージュー市の一辺を、

Fuzhou 閩江口河港から海港へ

幅一マイルは十分にあろうかという大河が流れている。河には筏の上に造られたみごとな橋がかかっている。これらの筏には重い錨をつるして移動を防ぎ、その上にがんじょうな厚板を釘づけにしている」(『東方見聞録』) と記している。全長577 kmの閩江は福建北部の大動脈で、この地に生きる人びとにとって、人や物資を運ぶ交通、生活などで利用されるかけがえのないものだった。

福建省

琉球・長崎と福州

琉球(沖縄)は1372年から明朝への朝貢をはじめ、当初、泉州だった琉球船の受け入れ窓口は、やがて福州に遷された。以来、琉球船は1875年まで500年のあいだ、福建と琉球のあいだを往復し、福州の料理、文化が琉球に伝わった。また江戸時代の日本は鎖国政策をとって、長崎一港を対外窓口としたため、福州から多くの華僑が長崎に訪れた。「崇福寺(閩北系)」「福済寺(閩南系)」「興福寺(江南系)」の長崎三福寺は華僑によって建設され、興福寺の逸然の招きを受けて東渡した福州人(福清人)の隠元(1592～1673年)は、黄檗

▲左　福州東郊外に立つ鼓山の涌泉寺。　▲右　南台島と呼ばれる大きな中州に福州の高鉄駅は位置する

宗の伝道、宇治萬福寺の開山、隠元豆の招来で日本人にも親しまれている。また福建華僑の多く暮らした長崎で、1899年、『四海樓』を開いた福州人陳平順は「長崎ちゃんぽん」を生んだ。こうした経緯から、福州は1980年に長崎と、81年に那覇と友好関係を結んでいる。

福建茶と福州の近代化

福州はアヘン戦争後の1842年の南京条約で、広州、厦門、寧波、上海とともに開港したが、他の街と違って福建省の省都で清朝官吏の集まる福州の開港を、清朝側は最後までため

CHINA
福建省

らった(福建茶の産地に近いこと、琉球船の来航地であった福州への進出を西欧列強は企図していた)。当初、西欧の銀行や商社などの資本は上海に集まっていたが、太平天国の乱(1851〜64年)が起こると、福建茶の上海への運送路線がとどこおり、代わって閩江を通って福州に運ぶルートが浮上した。1860〜70年代前半は福建茶の交易で福州はおおいににぎわい、漢口(湖北省)や九江(江西省)とならぶ「中国三大茶市」として知られた。西欧の近代文明といち早く接したことから、清朝は海軍の整備、港湾の建設、翻訳館をおくなど、ここ福州で近代化の先鞭がつけられた。

▲左　豊富な小吃がならぶ福州の街角。　▲右　閩江のほとりに高層ビルが林立する

福州旧城・南台・馬尾

東海に面した閩江河口部は、入り組んだリアス式海岸となっていて、福清湾、羅源湾、興化湾など天然の良港を抱えている。この閩江口から45km遡行した地点に、福州の外港にあたる「馬尾」があり、大型船はここで停泊する（馬尾より上流は小型船に乗り換えて進む）。また長らく福州旧城の万寿橋（現在の解放大橋）あたりが福州港（河港）となっていた場所で、北岸は天后宮や古田会館など中国人商人の拠点がおかれてにぎわっていた。一方の南岸は、西欧の領事館や銀行、商館、キリスト教会がならぶ旧租界だった（1899～1943年、

CHINA
福建省

専管国は日本)。この閩江ほとりの商埠地を「南台」と呼び、そこから「福州旧城」の中心部までは4㎞ほど離れていた。かつて朝貢に訪れた琉球船は、閩江から水路で福州旧城方面へ向かい、旧城南東外側に琉球館が立っていた。また福州旧城の東郊外にそびえる鼓山は、福州を代表する景勝地で、古刹涌泉寺には多くの参詣者が訪れる。

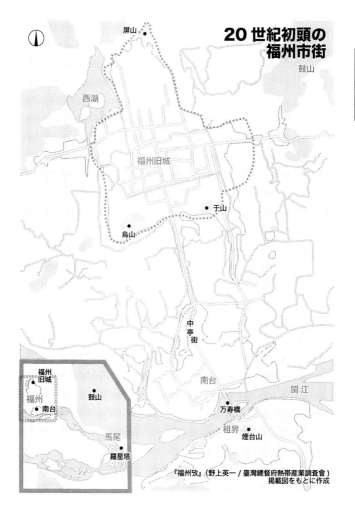

【MEMO】

【MEMO】

【MEMO】

**Guide,
Nan Gong Yuan**
南公園
城市案内

閩江から福州旧城を目指した琉球の朝貢使節
街に入る手前の南公園近く
琉球の使節のためにつくられた柔遠駅（福州琉球館）

福州南公園 福州南公园 fú zhōu nán gōng yuán
フウチョウナァンゴォンユゥエン ［★☆☆］

福州旧城南東外に広がる福州南公園。もともと清代初期の靖南王だった耿精忠（〜 1682 年）の別荘だったところで、「耿王荘」と呼ばれていた（清朝に反旗をひるがえして鎮圧された三藩の乱に参加した）。1915 年、公園となり、その後何度も改修され、現在は池を中心に亭や奇石が展開する古典園林となっている。

【地図】福州旧城と南公園

【地図】福州旧城と南公園の [★★☆]
- ☐ 柔遠駅（福州琉球館）柔远驿ロウユュエンイイ
- ☐ 泛船浦天主教堂 泛船浦天主教堂 ファンチュゥアンプウティアンチュゥジィアオタァン

【地図】福州旧城と南公園の [★☆☆]
- ☐ 福州南公園 福州南公园 フウチョウナァンゴォンユゥエン
- ☐ 上下杭歴史文化街区 上下杭历史文化街区 シャンシャアハァンリイシイウェンフゥアジエチュウ
- ☐ 閩江 闽江 ミィンジィアン
- ☐ 万寿橋 万寿桥 ワァンショウチィアオ
- ☐ 閩江大橋 闽江大桥 ミィンジィアンダアチィアオ
- ☐ 煙台山 烟台山 イエンタァイシャン
- ☐ 江心公園 江心公园 ジィアンシィンゴォンユゥエン

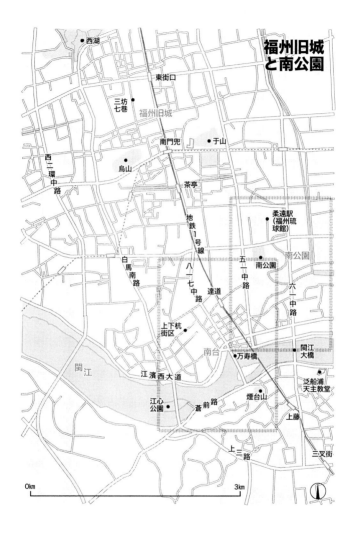

【地図】福州南公園

【地図】福州南公園の [★★☆]
- ☐ 柔遠駅（福州琉球館）柔远驿ロウユゥエンイイ

【地図】福州南公園の [★☆☆]
- ☐ 福州南公園 福州南公园
  フウチョウナァンゴォンユゥエン
- ☐ 福州市博物館 福州市博物馆
  フウチョウシイボオウグゥアン
- ☐ 台江歩行街 台江步行街タイジィアンブウシィンジエ
- ☐ 閩江 闽江ミィンジィアン
- ☐ 閩江大橋 闽江大桥ミィンジィアンダアチィアオ

福州南公園

南公園城市案内 | Fuzhou

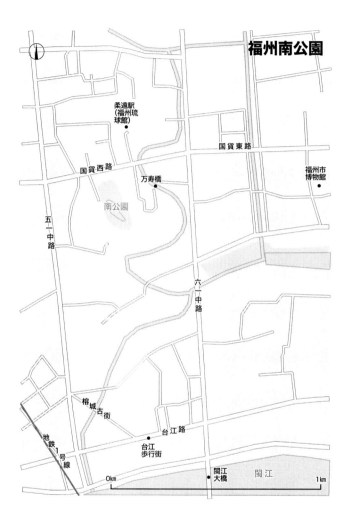

CHINA
福建省

柔遠駅（福州琉球館）柔远驿
róu yuǎn yì ロウユゥエンイイ ［★★☆］

明清時代、中国に朝貢に訪れる琉球（沖縄）の使節を迎え、100人ほどの琉球の人びとが暮らしていた柔遠駅（福州琉球館）。もともと泉州にあったものが、1470年ごろ福州に遷され、清代は「福州琉球館」の名で知られた。柔遠駅とは「遠人を柔（なず）ける」を意味し、福州旧城の外側に位置することからも、ここが夷国懐柔のための施設でもあったことがうかがえる。近くには清代の1668年に建設された万寿橋（現在の解放大橋の場所にかかっていたものとは異なる小さな石

▲左　白の漆喰壁でおおわれた柔遠駅（福州琉球館）。　▲右　豊かな自然にふれられる福州南公園

橋）が残り、琉球の使節は閩江から水路をたどってこの万寿橋のたもとで上陸した。100から300人もの琉球人が乗船し、食料、宿、馬車、人夫など柔遠駅での滞在費はすべて中国側が負担した。皇帝のいる北京へのぼる使節以外は、柔遠駅で交易に従事し、商人たちでおおいににぎわった。福州で長期間過ごした琉球人も多く、柔遠駅内の天妃宮そばに位置する崇報祠は、この地でなくなった琉球人がまつられている。明治時代の1879年に琉球が日本の沖縄県になると、中国への朝貢は途絶えたが、500年のあいだに241回の朝貢、のべ20万人を超える琉球人が福州を訪れたという。

CHINA
福建省

福州市博物館 福州市博物馆 fú zhōu shì bó wù guǎn
フウチョウシイボオウウグゥアン ［★☆☆］

陶瓷器、青銅器、絹織物、調度品はじめ、福州名産の寿山石彫、脱胎漆器などを収蔵する福州市博物館。『閩都華章（福州歴史文化）』『海絲門戸有福之州（福州海のシルクロード文化遺産）』といった展示からなる。なかには定海沈没船からひきあげられた品、この地方の民家と船をモチーフとした建物、福州でつくられた船や宋代の男女の遺体、副葬品などが展示されている。

【MEMO】

Guide, Tai Jiang
台江
城市案内

閩江の北岸は明清時代からにぎわいを見せ

物資が集散されたかつての埠頭

福州旧城から南4㎞ほどの距離

中亨街 中亨街 zhōng hēng jiē チョンハァンジエ［★★☆］

福州旧城の南門から閩江に向かって伸びる大通りの八一七路（中亨街）。市街南北を結ぶ通りは。唐宋時代に「南后街」、その後、「中亨街」と呼ばれて、福州随一のにぎわいを見せていた。閩江北岸あたりは王審知（909〜945年）が南門から閩江をのぞんだことに由来する「南台」とも、「中亨街」や「台江」とも呼ばれる。紀元前770年ごろから人が住んでいたとされ、入植を進める漢族は閩江を伝わってここから福州へと上陸した。福州旧城から離れた南台が発展したのは北宋（960〜1127年）ころからで、対外貿易の拠点として発

【地図】南台

【地図】南台の [★★☆]
- [ ] 中亨街 中亨街 チョンハァンジエ
- [ ] 泛船浦天主教堂 泛船浦天主教堂 ファンチュゥアンプウティアンチュゥジィアオタァン
- [ ] 柔遠駅（福州琉球館）柔远驿 ロウユゥエンイイ

【地図】南台の [★☆☆]
- [ ] 陳文龍紀念館 陈文龙纪念馆 チィンウェンロォンジイニィエングゥアン
- [ ] 上下杭歴史文化街区 上下杭历史文化街区 シャンシャアハァンリイシイウェンフゥアジエチュゥ
- [ ] 古田会館 古田会馆 グウティエンフゥイグゥアン
- [ ] 台江歩行街 台江步行街 タイジィアンブウシィンジエ
- [ ] 閩江 闽江 ミィンジィアン
- [ ] 万寿橋 万寿桥 ワァンショウチィアオ
- [ ] 閩江大橋 闽江大桥 ミィンジィアンダアチィアオ
- [ ] 煙台山 烟台山 イエンタァイシャン
- [ ] 江心公園 江心公园 ジィアンシィンゴォンユゥエン
- [ ] 福州南公園 福州南公园 フウチョゥナァンゴォンユゥエン

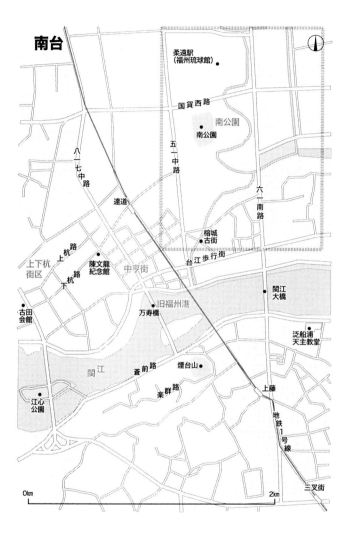

CHINA
福建省

展をはじめた。以来、明清時代にかけて福州旧城の西郊外と南郊外でいくつもの市が立つようになり、とくに明（1368～1644年）代、泉州に替わって福州の港が台頭すると、この南台が福州港として繁栄した。現在は閩江のほとりに高層ビルが林立する。

上下杭歴史文化街区 上下杭历史文化街区
shàng xià háng lì shǐ wén huà jiē qū
シャンシャアハァンリイシイウェンフゥアジエチュウ ［★☆☆］

八一七中路（中亭街）から西側に走る路地の上杭路と、下杭

路からなる上下杭街区(「杭」と同音の「航」、「上航」と「下航」を意味する)。明代以降、閩江近くの埠頭としてこのあたりに店舗がならぶようになり、中華民国時代は福州でもっともにぎわう界隈だった。21世紀に入ってから再整備された街区は、福州旧城に残る三坊七巷とともに古い時代の福州の面影を残す。銭荘(旧式銀行)や綿布商人、茶桟(茶商人)といった店舗が集まり、「張真君祖殿」「福州商務総会旧址」「採峰別墅」「天后宮」などが位置することから、老福州博物館にたとえられる。

陳文龍紀念館 陈文龙纪念馆 chén wén lóng jì niàn guǎn
チィンウェンロォンジイニィエングゥアン［★☆☆］

陳文龍紀念館は南宋時代の官吏である陳文龍（1232～77年）にまつわる博物館。陳文龍は福建莆田の出身で、1268年に状元となって南宋朝廷に仕えたが、やがてモンゴル軍の侵入を受け、都落ちし、福州、泉州と逃れるなかで自害した。明清時代になると、「救国の英雄」として福建省で陳文龍がまつられるようになり、とくに福州では媽祖とともに「鎮海王」と呼ばれて水上交通の神さまとしても信仰された。明末清初、陳文龍に送られた称号名から「尚書廟」ともいう。

▲左　福建省北部を東西につらぬく閩江。　▲右　街角でもの売りに出合った

古田会館 古田会馆
gǔ tián huì guǎn グウティエンフゥイグゥアン [★☆☆]

レンガづくりの外壁をもつ古田会館は、中華民国初期の1915年に建てられた。古田とは福州から閩江上流に位置する古田県のことで、その商人が福州で商いをする拠点となっていた。2階建て、三間、三進の福州伝統の建築様式で、天井には見事な装飾がほどこされている（東院は海の守り神をまつる天后宮）。2007年に再建され、戯台も見られる。

福建省

台江歩行街 台江歩行街
tái jiāng bù xíng jiē タイジィアンブウシィンジエ [★☆☆]
閩江にそうように走る繁華街の台江歩行街。大型店舗が集まり、多くの人でにぎわう通りとなっている。近くには牌楼や楼閣建築がならぶ榕城古街も位置する。

閩江 閩江 **mǐn jiāng ミィンジィアン** [★☆☆]
武夷山系の水を集めて福建省北部を東流し、福州近郊で東海にそそぐ全長577kmの閩江。山がちな福建省の地形から、流れが急なことを特徴とする。閩江は福州市街の手前で南北ふ

台江城市案内

たつの流れにわかれ、「福州の外港」馬尾の羅星塔付近で再び、合流する（今では閩江の堆積でつくられた巨大な中洲を南台島と呼ぶ）。人びとの生活にかかせない水を運んだほか、物資の運搬、交通網の役割も果たし、福州はこの閩江の恵みを受けて発展した。

福州港 福州港 fú zhōu gǎng フウチョウグァン ［★☆☆］
漢代の1世紀ごろから、福州の海上交通が開けたと言われ、その後、宋、元代を通じて発展を続け、明代には福建最大の貿易港になった。当時の福州港は閩江から50km遡上した南

CHINA
福建省

台にあり、閩江を通じて運ばれてきた木材が集まり、船乗り、船大工、商人たちが閩江北岸に住んだ(また琉球の朝貢船が琉球に帰るときには、ここで福州の官吏が宴を開いて送り出したという)。南台の万寿橋(解放大橋)あたりにあった福州河港は、潮汐の影響を受け、河床も浅いことから、やがて福州から河口へくだった馬尾港が外港として使われるようになった。現在の福州港は馬尾港からさらに閩江をくだり、大型船の着岸できる東海に面した福清湾、羅源湾が福州港として使われている。

▲左　閩江を越える架橋がこの街の交通を劇的に改善させた。　▲右　1年中暖かい気候が続く

万寿橋 万寿桥
wàn shòu qiáo ワァンショウチィアオ［★☆☆］

福州市街と閩江を超えた中洲（現在の南台）を結んだ万寿橋（現在の解放大橋）。流れが急で川幅の広い閩江の南北を往来するのは難しかったが、宋代の1093年、王祖道が木船をならべてつくった浮き橋をはじまりとする。華南布教をねらい、福建各地で橋梁建設を行なった仏教の一派頭陀教の王法助によって元代の1322年に完成した（19年もの歳月を費やした石づくりの橋）。中洲をはさんで北側を「万寿橋」と南側を「蒼前橋」と呼び、福州旧城と閩江南岸の往来が便利になった。

Guide,
Cang Qian Shan
蒼前山
城市案内

閩江南岸に広がる一帯を蒼前山と呼ぶ
1842年の南京条約以後、西欧列強が拠点を構え
半植民地の租界が築かれた

閩江大橋 闽江大桥
mǐn jiāng dà qiáo ミィンジィアンダアチィアオ [★☆☆]

西の万寿橋（解放大橋）とともに、福州市街と中洲（現在の南台）を結ぶ閩江大橋。長さは500mになり、閩江の急な流れに対応するため、頑強な橋脚をもつ。

泛船浦天主教堂 泛船浦天主教堂
fàn chuán pǔ tiān zhǔ jiào táng
ファンチュゥアンプウティアンチュウジィアオタァン [★★☆]

泛船浦天主教堂（天主堂）は、福建省でも最大規模のキリスト教会。福州へのキリスト教布教は、1624年、イエズス会の

【地図】蒼前山

【地図】蒼前山の [★★☆]
- □ 泛船浦天主教堂 泛船浦天主教堂
  ファンチュゥアンプウティアンチュウジィアオタァン
- □ 煙台山歴史文化風貌区 烟台山历史文化风貌区
  イエンタァイシャンリイシイウェンフゥアフェンマァオチュウ
- □ 中亨街 中亨街チョンハァンジエ

【地図】蒼前山の [★☆☆]
- □ 閩江大橋 闽江大桥ミィンジィアンダアチィアオ
- □ 煙台山 烟台山イエンタァイシャン
- □ イギリス領事公館跡 英国领事公馆旧址
  イングゥオリィンシイゴォングゥアンジィウチイ
- □ 安瀾会館 安澜会馆アァンラァンフゥイグゥアン
- □ 陳靖姑故居 陈靖姑故居チェンジィングウグウジュウ
- □ 上下杭歴史文化街区 上下杭历史文化街区
  シャンシャアハァンリイシイウェンフゥアジエチュウ
- □ 台江歩行街 台江步行街タイジィアンブウシィンジエ
- □ 閩江 闽江ミィンジィアン
- □ 万寿橋 万寿桥ワァンショウチィアオ

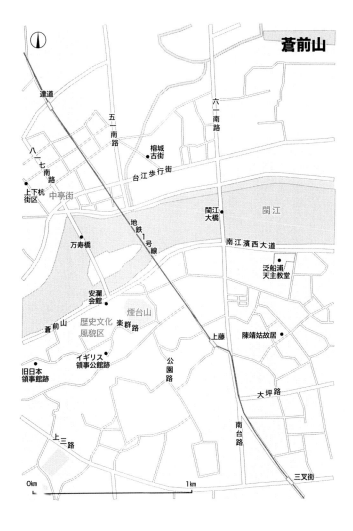
蒼前山城市案内

福建省

イタリア人宣教師艾儒略（Giulio Aleni）が福州を訪れたことではじまった。アヘン戦争後の1860年以降、中国人の信教の自由と内地布教が認められると、中国各地にキリスト教会が建てられ、中国人のキリスト教信者が増えていった（医療や教育と伝道をあわせ、プロテスタントの布教も進んだ）。この泛船浦天主教堂は1864年に建てられ、1933年の重建で現在の姿となったが、その後、文革で破壊され、1985年に改修されている。高さは31.2m、尖塔に十字架が立つ姿は、「江南第一大堂」とも呼ばれ、礼拝堂の天井はアーチを描き、列柱がつらなる。鐘楼や礼拝堂のほか、診療所や学校をそなえていた。

煙台山 烟台山 yān tái shān イエンタァイシャン［★☆☆］
福州旧城から見て、閩江対岸に位置する丘陵の煙台山。煙台山という名前は、明代、中国東南沿岸部を荒らした倭寇から街を守るために、ここに軍事拠点と煙台（福州旧城に煙をあげて有事を知らせる烟台）がおかれたことに由来する。福州旧城と閩江をくだって東海に通ずる地の利から、この地の重要性が高まり、1840〜42年のアヘン戦争以後、西欧列強は煙台山あたりに拠点を構えた（中国商人たちの拠点は対岸の北岸にあった）。現在は煙台山公園として整備され、亜熱帯性の樹木の植生が見られる。

福建省

煙台山歴史文化風貌区 烟台山历史文化风貌区
yān tái shān lì shǐ wén huà fēng mào qū イエンタァイシャンリイシイウェンフゥアフェンマァオチュウ ［★★☆］

長らく鎖国政策のとられていた清朝も、1842年、アヘン戦争後の南京条約を機に、香港島がイギリスに割譲され、広州、厦門、福州、寧波、上海が開港された。近代以降、西欧列強の拠点となり、外交官、商人、銀行員などが集まった煙台山界隈の旧租界は、煙台山歴史文化風貌区として整備されている。1845年のイギリス領事館に続いて、1854年にアメリカ領事館が建てられ、フランス、オランダ、デンマーク、スウェー

▲左 石づくりの見事な建築、泛船浦天主教堂。 ▲右 長らく山がちで悪かった福建省の交通の便も高速鉄道によって変わっていった

デン、ノルウェー、スペイン、ポルトガル、ドイツ、ロシア、日本などがこの地に進出した(上海外灘と同様の性格をもち、「中国人入るべからず」の看板があったという)。「匯豊洋行」「美国(アメリカ)領事館」「俄羅斯(ロシア)領事館」「華南女院教学楼」など、当時、建てられた石づくりの近代建築が残る。

イギリス領事公館跡 英国领事公馆旧址 yīng guó lǐng shì gōng guǎn jiù zhǐ イングッオリィンシイゴォングゥアンジィウチイ [★☆☆]

1840〜42年のアヘン戦争以後の南京条約で、福州の開港が

CHINA
福建省

決まり、ひとまずイギリスは南台の民家に領事館をおいた。当初、浅瀬が多く、川幅も狭い閩江（北港）の条件から、福州に代わって温州を拠点としようという案もあったが、1845年、この地でイギリス領事館が開業した（イギリスが福州に領事館をおいたのは、福建茶の産地に近いこと、福建省の政治的中心であることなどが理由）。やがて、イギリスは中国人官吏の暮らす福州旧城に進出したが、城内中心からは遠ざけられ、烏山の仏教寺院に領事館がおかれた。

イギリスと茶

宋（960〜1279年）代以降、福建で栽培されるお茶の品質が、中国全土に知られるようになった。イギリス人は「ブラック・ティー（紅茶）」の名前が定着するまで、茶の産地、福建武夷山の名前をとって、茶を「ボヘア」と呼んだ。福州は福建茶の積出港として期待されたが、1844年の福州開港後、9年間は正式な貿易はなく、アヘン密貿易のための外国商船が停泊していた。こうしたなか太平天国（1851〜64年）の乱で、福建茶の上海への輸送路がたたれたこともあり、1853年、アメリカの旗昌洋行は武夷山から閩江をくだって、茶葉を福

福建省

州へ運ぶことで運送費を劇的にさげた。武夷山星村から茶葉50箱を、4〜8日かけて福州へ運び、それまでより3両5銭安い運賃になった（それまでは福州への有利なルートが見つからず、武夷山から江西省、鄱陽湖、贛州をへて、北江をくだって広州へといたっていた）。1860年〜70年代前半は福建茶による景気で福州はとくににぎわい、山西商人に替わって福建商人、広東商人が活躍した。

近代日本と福州

1894〜95年の日清戦争後、日本は台湾を獲得し、その対岸

▲左　アヘンをめぐってイギリスと清朝のあいだで熾烈な戦いが行なわれた。
▲右　閩江にかかる橋で釣りを楽しむ人たち

の福建省への進出を試みた。ドイツが山東省、ロシアが大連・旅順、フランスがベトナムから広東、広西に勢力を伸ばすなか、1898年、日本は清朝と「福建省不割譲協定」を結んで、福建省をその勢力範囲とした（福建省を他の国へ割譲させない）。こうして福州に進出した日本は、煙台山東側の地を獲得し、1899〜1943年にあった福州租界の専管国は日本であった。日本人学校や福州神社が建てられたほか、三井洋行が1910〜11年まで木材輸出のため、福建と台湾のあいだに汽船を航行させるなど、福州は日本にとって戦略上の要地であった。

福建省

安瀾会館 安澜会馆
ān lán huì guǎn アァンラァンフゥイグゥアン [★☆☆]

福州旧城と対岸の中洲を結んだかつての万寿橋（解放大橋）のたもとに位置する安瀾会館。浙江省慈渓商人たちが集まったところで、安瀾とは「風平浪静、賜福安瀾」を意味する。1773年に開館し、内部は戯台や伝統工芸がほどこされ、中国伝統様式となっている。慈渓商人たちは閩江上流から運ばれてきた木材を、故郷の浙江省へと運んだ。

【MEMO】

福建省

陳靖姑故居 陈靖姑故居
chén jìng gū gù jū チェンジィングウグウジュウ [★☆☆]
福州を中心とした閩江流域の守り神で、媽祖とともに信仰を集める陳靖姑の故居。陳靖姑は唐代の767年、この地福州藤山下渡に生まれ、雨乞いなどで霊異を発揮したことから、唐代後期に信仰が広がっていった。「臨水夫人」の名でも知られ、閩東や閩江流域の船乗りたちに信仰されているほか、赤子の保護者でもある。また福州人の進出した台湾、東南アジアでも陳靖姑が信仰されている。

江心公園 江心公园 jiāng xīn gōng yuán
ジィアンシィンゴォンユゥエン［★☆☆］

閩江に浮かぶ中洲を利用した江心公園。福州を象徴するガジュマル（榕樹）はじめ、亜熱帯の樹木が植えられている。かつて閩江の中洲では鵜飼が見られたという。

琉球墓苑 琉球墓园
liú qiú mù yuán リィウチィウムウユュエン [★☆☆]

閩江中洲（南台）の丘陵地帯、蒼山に位置する琉球人墓地。琉球（沖縄）は、薩摩（日本鹿児島）と福州（中国）双方に通じ、明清時代、多くの琉球人朝貢使節や商人が福州に渡った。航海の途中で生命を落としたり、客死した琉球人はここ蒼山白泉庵や福州城東門外の金鶏山に埋葬された。1963年には66基の琉球人の墓が確認され、かつては576の墓があったとも伝えられる。この福州で見られる亀甲墓の様式は、琉球（沖縄）にも伝えられている。

福州琉球
500年
の交流

CHINA
福建省

福州と薩摩（鹿児島）にあった琉球館
琉球（沖縄）の人びとは航海守護の媽祖をまつり
危険をともなう唐旅こと中国への旅へ向かった

朝貢と琉球（沖縄）

モンゴル族の元に替わって、1368年、明朝が樹立されると、洪武帝（朱元璋）を中心とする儒教的中華体制の確立が目指された。明朝は琉球に使節を派遣して朝貢をうながし、琉球の側でも群雄割拠から抜けだした3つの勢力のうち、1372年、琉球国中山王の察度が弟の泰期を明へ派遣した（請封使）。明はそれに応えるかたちで冊封使を琉球に派遣して「琉球国中山王と為す」と冊封した。中国の周辺国は、それぞれの入貢窓口（港）がわりあてられ、琉球の窓口は福州（はじめは泉州）の「柔遠駅」、日本の窓口は寧波の「安遠駅」、東南ア

ジア諸国は広州の「懐遠駅」で、やがて大航海時代（15〜17世紀）をへて中国を訪れた西欧諸国の窓口も広州におかれた（その後、広州に近いマカオ、香港が西欧の拠点となった）。明朝から清朝に王朝が替わったとき、琉球では明の印を中国側に返還し、清の印を新たに受けとった。

琉球の使節、福州へ

いくつかの船にわかれて中国に向かう琉球の一行は、総勢500人にもおよび、東北からの季節風に乗って10日前後で福州にたどり着いた。琉球の使節は閩江をさかのぼり、福州

【MEMO】

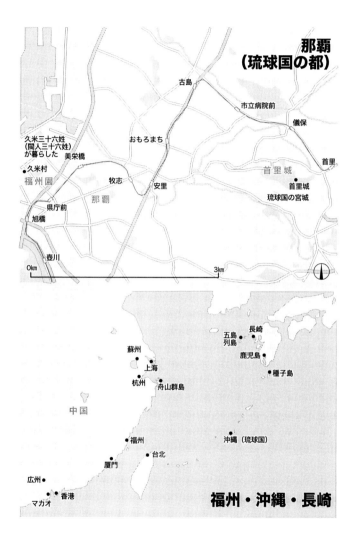

CHINA
福建省

旧城外に定められた「柔遠駅（福州琉球館）」で旅装をといた。その後、正使、副使と従者は中国皇帝に謁見するため北京に向かい、その他の人びとは「柔遠駅（福州琉球館）」に残った。福州と北京の往復、滞在は半年以上を要し、そのあいだの滞在費はすべて中国側が負担した（北京から使節が戻り、夏至のころ、南からの季節風で琉球へ戻った）。琉球から昆布やナマコ、フカヒレ、銅器、扇などが運ばれ、一方、中国から絹織物、青磁器、漢方薬、茶が琉球にもち帰られた。琉球船が進貢した品に対して、中国側の下賜する品はその倍もの価値があり、琉球では「唐一倍」の言葉も知られた。

▲左　日中友好の石碑が立つ。　▲右　かつて100人もの琉球人が暮らした柔遠駅（福州琉球館）

琉球処分から沖縄へ

琉球館は福州のほか、薩摩にもあり、琉球（沖縄）はふたつの国のあいだで舵とりしなくてはならない宿命を背負っていた。「中国を父、日本を母に」といった考えから、琉球は明のほか、薩摩の島津氏にも使節を送っていて、1591年、琉球の朝貢使が日本の朝鮮出兵を福建官吏に伝えている。こうした関係は500年続いたが、やがて日本で明治維新が起こり、廃藩置県が行なわれると、1879年に琉球は沖縄県となった。結局、1875年の朝貢が最後となり、「柔遠駅（福州琉球館）」の歴史も幕を閉じたが、琉球の一部では日本への不服従運動

が起こり、なかには中国に渡り、琉球王国の復活を清朝に訴える琉球人もいたという。

沖縄に見る中国文化

琉球人が福州で滞在したのに対して、中国人も沖縄久米村（くにんだ）に暮らし、その居留地は「唐営」と呼ばれた。この久米村は明洪武帝（朱元璋）から派遣された閩人三十六姓にゆかりがあり、沖縄には優れた中国の文化が伝えられている。首里城正殿の庭前には、福建からもたらされた青石でつくられた一対の竜柱が立ち、士族階級は唐名をもっていた。航海

Fuzhou

福州琉球500年の交流

技術、風水や書道、絵画といったなかで、とくに福建料理が沖縄の料理に大きな影響をあたえている。仏教の影響から長らく肉食が禁じられていた日本と違って、沖縄料理では豚を使った料理が多く見られる。苦瓜、アシディビチ、豆腐チャンプルといったものは福州でも食べられ、福州と沖縄というふたつの街のつながりを示している。また琉球王国（1429〜1879年）では武器の携帯が禁じられたことから、福州から伝わった中国拳法の影響のもと「唐手（空手）」が独自の発展を見せ、明治時代に入ると、沖縄の「唐手」が日本に紹介され、「空手」となり、日本武道のひとつとして確立された。

**Guide,
Gu Shan**

鼓山
城市案内

福州旧城の東 20 kmにそびえる鼓山
古くから福州随一の景勝地と知られ
名刹涌泉寺が立つ

鼓山 鼓山 gǔ shān グウシャン ［★★★］

主峰の絶頂峰を中心に、白雲、岐子などの峰が連なる標高 900mの鼓山。この山の頂には大きな岩があり、風が吹くと「太鼓を打つような音」が聞こえることから、鼓山と名づけられた。古くから仏教聖地として知られ、小さなお寺（華厳院）のあった場所に、福州の街づくりを進めた王審知の 908 年、鼓山中腹に涌泉寺が建てられた。あたりは時代を超えて彫られ続けた 400 もの磨崖石刻はじめ景勝地が点在し、幽玄な世界が広がっている。涌泉寺のそばから、2500 段の石段が頂へ伸び、日の出を拝む人びとの姿があるなど、「福州で

【地図】福州郊外と開発区

【地図】福州郊外と開発区の [★★★]
- ☐ 鼓山 鼓山グウシャン
- ☐ 涌泉寺 涌泉寺ヨンチュゥアンスウ
- ☐ 羅星塔 罗星塔ルゥオシィンタア

【地図】福州郊外と開発区の [★★☆]
- ☐ 柔遠駅（福州琉球館）柔远驿ロウユゥエンイイ
- ☐ 馬尾 马尾マアウェイ

【地図】福州郊外と開発区の [★☆☆]
- ☐ 閩江 闽江ミィンジィアン
- ☐ 福州市海峡奥体中心 福州市海峡奥体中心 フウチョウシイハァイシャアオティイチョンシィン
- ☐ 閩江金山寺 闽江金山寺ミィンジィアンジィンシャンスウ
- ☐ 張経墓 张经墓チャァンジィンムウ
- ☐ 閩王王審知墓 闽王王审知墓 ミィンワァンワァンシェンチイムウ
- ☐ 福州森林公園 福州森林公园 フウチョウサァンリィンゴォンユゥエン
- ☐ 崇福寺 崇福寺チョンフウスウ
- ☐ 林陽寺 林阳寺リィンヤァンスウ
- ☐ 寿山 寿山ショウシャン

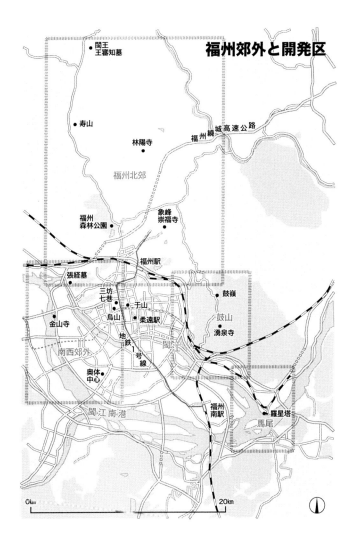

【地図】鼓山

【地図】鼓山の [★★★]
- [ ] 鼓山 鼓山 グウシャン
- [ ] 涌泉寺 涌泉寺 ヨォンチュゥアンスウ

【地図】鼓山の [★☆☆]
- [ ] 東部新城 东部新城 ドォンブウシィンチャン
- [ ] 福州海峡国際会議展示センター 福州海峡国际会展中心 フウチョウハァイシィアグゥオジイフイチャンチョンシィン
- [ ] 鳳洋将軍廟 凤洋将军庙 フェンヤァンジィアンジュンミィアオ
- [ ] 閩江 闽江 ミィンジィアン

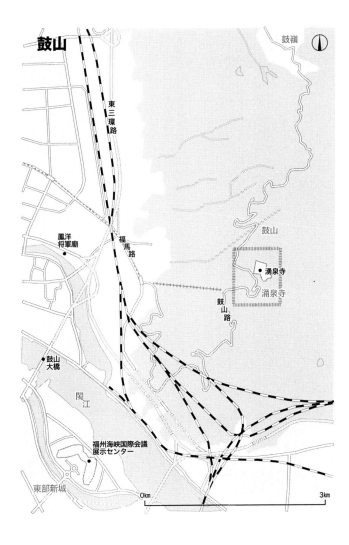

CHINA
福建省

は鼓山に遊ぶべし」と言われる。

涌泉寺 涌泉寺 yǒng quán sì ヨォンチュゥアンスウ［★★★］
鼓山中腹に立つ白雲峰の麓に残り、「閩刹の冠」とも言われる福建省を代表する涌泉寺。創建は開閩王の王審知（862～925年）の908年で、沼地を埋め立てて伽藍が整備され、福州雪峰寺から神晏が招かれて国師舘となった（仏教を保護することで国づくりが進められた）。その後、北宋真宗（在位997～1022年）から涌泉禅院の寺名が下賜され、規模が拡大し、1405年、境内に泉が湧き出していることから、涌泉

▲左 鼓山には多くの人が訪れる。　▲右 中国華南を代表する古刹の涌泉寺

寺と呼ばれるようになった。1408年、1542年に焼失しているがその度に再建され、明末の1627年に再建されたあとも改修が続いて、現在にいたる。朱塗りの塀をもち、鼓山の豊かな自然のなか、1000年以上続く名刹のたたずまいを見せる。隠元に続いて黄檗山萬福寺2世となった木庵性瑫は、この涌泉寺の僧であったと言われる。

【地図】涌泉寺の [★★★]
☐ 涌泉寺 涌泉寺ヨォンチュゥアンスウ

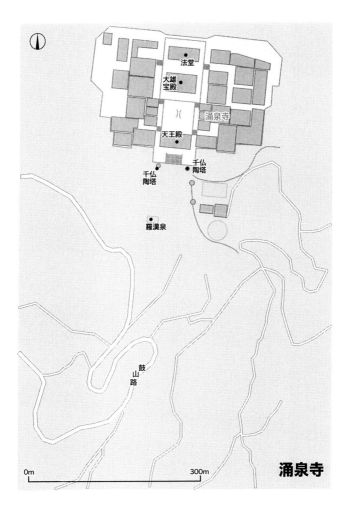

Fuzhou | 鼓山城市案内

涌泉寺

福建省

涌泉寺の庭先

涌泉寺の庭先には、寺号の由来となった四角い小さな井戸「羅漢泉」が湧いている。また天王殿前の左右には、楼閣式の陶器製双塔「千仏陶塔」が立ち、それぞれ直径1.2mの八角九層で高さは7mになる（北宋の1082年の銘があり、1973年に福州南部の龍瑞寺から遷された）。ほかには、ここ涌泉寺は「空海入唐之地」と知られ、804年、遣唐使として海を渡った空海は、福建赤岸鎮に上陸し、その後、福州を訪れている。

Fuzhou 鼓山城市案内

涌泉寺の伽藍

涌泉寺山門、庭先をへてなかに入ると、明（1368〜1644年）代末期に再建された、極彩色の屋根をもつ伽藍が奥に展開する。康熙帝の筆による額がかかる「天王殿」、涌泉寺の中央に立ち、明代につくられた高さ5mの三世仏（阿弥陀如来、釈迦如来、薬師如来）が安置され、周囲を十八羅漢像がとりまく「大雄宝殿」、石垣のうえに立ち、釈迦如来像のまつられた「法堂」へと続く（法堂天井には見事な仏画が描かれ、ここでは雨乞いも行なわれていた）。伽藍内には千人炊きの鉄鍋、直径1.5mの「香積厨」も見られ、かつてはこれで米

▲左　天王殿の門前に立つ千仏陶塔。　▲右　湧き出す泉が寺院名の由来となった

をたき、涌泉寺で修行する僧侶の食事がつくられた。

鼓山磨崖題刻 鼓山摩崖石刻
gǔ shān mó yá shí kè グウシャンモオヤアシイカア[★☆☆]

鼓山には篆書、隷書、楷書、行書、草書と多彩な書体で刻まれた、400あまりの磨崖題刻が見られる。これらは宋（960～1279年）代から清（1616～1912年）代にいたるまで長年かけて刻まれ続けたもの。鼓山にはいくつもの洞窟が残り、書の宝庫と言われる「霊源洞」、鼓山北西の絶壁に位置する幅16m、深さ5mの「白雲洞」が知られる。

【MEMO】

福建省

西欧人の避暑地となった鼓嶺

鼓山の北側にそびえる標高998mの鼓嶺。1885年にアメリカ人宣教師が別荘地を構えたのが最初で、以後、亜熱帯にあって夏でも30度をしたまわる気候のよさから、福州に赴任した西欧人の避暑地となってきた。日本でも知られるイギリス人オールコックは通訳官パークスを連れ、1844年に厦門領事から福州領事となり、その後、上海領事、広東領事を歴任した(その後の1859年、駐日総領事として江戸に着任)。またフランス人ポール・クローデルは1900～05年に福州領事をつとめ、『大地への入口』『山(鼓嶺)へ向かって』などを

▲左　鼓山の緑と伽藍の極彩色が鮮やかに対比する。　▲右　次々に開発の進む東部新城

記している。ポール・クローデルの記した小説『薔薇の名～長谷寺の牡丹』は日本を舞台にしているが、ポーランド系の人妻ロザリー・ベッチ（愛称ローザ）と恋に落ちた福州涌泉寺での出来事をモチーフにしているという。

東部新城 东部新城
dōng bù xīn chéng ドォンブウシィンチャン [★☆☆]

東部新城は手狭になった福州旧城を受けて、21世紀に入ってから開発が進められた新市街。高速鉄道の福州南駅が位置するなど、大きな街区をもち、高層ビルが林立する。福州外

福建省

港の馬尾港へ近いなどの地の利がある。

福州海峡国際会議展示センター 福州海峡国际会展中心
fú zhōu hǎi xiá guó jì huì zhǎn zhōng xīn フウチョウハァイシィアグゥオジイフイチャンチョンシィン ［★☆☆］

東部新城の中洲を利用して建てられた福州海峡国際会議展示センター。67万平方メートルの広大な敷地面積をもち、中心の会議中心、その東西にそれぞれふたつずつの楕円形の展覧館が配されている。会議、見本市など各種イベントが開かれる。

鳳洋将軍廟 凤洋将军庙 fèng yáng jiāng jūn miào
フェンヤァンジィアンジュンミィアオ［★☆☆］

鳳洋将軍廟は琉球から派遣され、福州で生命を落とした軍人をまつる霊廟。鳳洋将軍は明の洪武帝（朱元璋）が琉球へ派遣した福州人の末裔で、1560年、琉球から朝貢船で福州に入貢したとき、暴風雨で生命を落とした。そのとき廟を建てたのがはじまりで、清代に再建され、門前の牌楼、四隅のそりあがった屋根、この地方の派手な装飾が見られる。

Guide,
Nan Xi Jiao Qu
南西郊外
城市案内

福州を手前にして大きく南北へわかれる閩江の流れ
巨大な中洲（南台）には
福州ゆかりの人びとの墓廟が残る

厳復墓 严复墓 yán fù mù ヤァンフウムウ ［★☆☆］

清朝末期から民国初期に生きた思想家、教育者で、福州閩侯出身の厳復（1854〜1921年）。洋務運動で設立された福州船政学堂の卒業後、イギリスに留学したが、1894〜95年の日清戦争で北洋艦隊が壊滅したことに衝撃を受け、翻訳や講義を通じて西欧の政治や経済、自然科学といった学問や思想を紹介した（李鴻章の創設した北洋水師学堂などで教鞭をとった）。アダム・スミスの『国富論』、ミルの『自由論』、モンテスキューの『法の精神』が厳復の代表的な翻訳作品で、1911年の辛亥革命ののちに北京大学の校長にも就任してい

【地図】南西郊外

【地図】南西郊外の [★☆☆]
- ☐ 厳復墓 严复墓ヤァンフウムウ
- ☐ 鄭公渡 郑公渡チェンゴォンドゥウ
- ☐ 福州市海峡奥体中心 福州市海峡奥体中心 フウチョウシイハァイシャアアオティイチョンシィン
- ☐ 閩江金山寺 闽江金山寺ミィンジィアンジィンシャンスウ
- ☐ 張経墓 张经墓チャァンジィンムウ
- ☐ 閩江 闽江ミィンジィアン
- ☐ 上下杭歴史文化街区 上下杭历史文化街区 シャンシャアハァンリイシイウェンフゥアジエチュウ
- ☐ 煙台山 烟台山イエンタァイシャン
- ☐ 琉球墓苑 琉球墓园リィウチィウムウユゥエン
- ☐ 江心公園 江心公园ジィアンシィンゴォンユゥエン

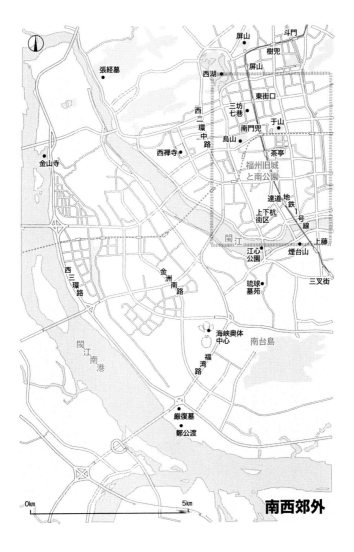

福建省

る。福州近郊の陽岐にあるこの厳復墓は、1910年、厳復本人によって建てられた。

鄭公渡 郑公渡 zhèng gōng dù チェンゴォンドゥウ [★☆☆]
閩江南港にのぞみ、南の莆田方面へ続いていく陽岐の渡船場は「鄭公渡」とも呼ばれる。「鄭」は鄭成功（1624〜62年）に由来し、この渡し場はオランダから台湾を奪回する戦いで使われた軍の渡船場だったという（反清復明を掲げた鄭成功は、清朝におされ、福建省沿岸に替わる根拠地を台湾に求めた）。

▲左　路線バスが福州郊外への足となる。　▲右　豊かな流れをたたえる閩江

福州市海峡奥体中心 福州市海峡奥体中心
fú zhōu shì hǎi xiá ào tǐ zhōng xīn フウチョウシイハァイシャアアオティイチョンシィン［★☆☆］

福州市街南の中州（南台）の中心に立つ大型総合施設の福州市海峡奥体中心。貝のイメージされた6万人を収容する「メインスタジアム」をはじめ、流線型の美しい外観をもつ卓球や体操を行なう「体育館」、そのほか「テニスコート」や「スイミングプール」が集まる。

福建省

閩江金山寺 闽江金山寺 mǐn jiāng jīn shān sì
ミィンジィアンジィンシャンスウ ［★☆☆］

福州方面に流れてきた閩江がちょうど南北にわかれる地点近くに立つ八角七層の閩江金山塔。閩江南港（烏龍江）の水中寺の金山寺は、鎮江の金山寺のように水面に浮かぶ姿から、この名前がとられた。南宋（1127〜1279年）の紹興年間に建てられた。

張経墓 张经墓 zhāng jīng mù チャァンジィンムウ［★☆☆］
閩江北港のほとり、丘陵の地形にあわせて展開する張経墓。張経は明代、倭寇を倒した将軍で、嘉靖年間（1521 〜 66 年）の倭寇討伐で成果をあげた（手柄を奪われ冤罪となったが、孫の代に名誉が回復され、この地にほうむられた）。張経は福州近くの閩侯出身で、近くの金山寺で勉学にはげんだと言われる。

Guide, Bei Jiao Qu
福州北郊城市案内

福州北郊外には王審知や林則徐といった
福州ゆかりの人びとの墓
雪峰寺や崇福寺などの古刹が点在する

閩王王審知墓 闽王王审知墓 mǐn wáng wáng shěn zhī mù
ミィンワァンワァンシェンチイムウ ［★☆☆］

福州市街から北に8km、斗頂山に残る閩王王審知墓。唐末の混乱のなか、王審知は華北より移住して福州に閩国（909〜945年）を建て、土地や教育の整備、産業の振興など国づくりを進めてきた。その死後は「開閩王」として福州人の尊敬を集め、福州市街にあった邸宅跡は「閩王祠」となっている。王審知墓は当初、鳳池山にあったが、932年にこの地で改葬され、盗掘などの被害を受けることもあった。1981年に改修されたとき、新たな墓室が発見され、王審知の経歴をつづっ

【地図】福州北郊の [★☆☆]

- ☐ 閩王王審知墓 闽王王审知墓 ミィンワァンワァンシェンチイムウ
- ☐ 林則徐墓 林则徐墓 リィンチェスウムウ
- ☐ 福州森林公園 福州森林公园 フウチョウサァンリィンゴォンユゥエン
- ☐ 崇福寺 崇福寺 チョォンフウスウ
- ☐ 林陽寺 林阳寺 リィンヤァンスウ
- ☐ 寿山 寿山 ショウシャン
- ☐ 閩江 闽江 ミィンジィアン
- ☐ 張経墓 张经墓 チャァンジィンムウ

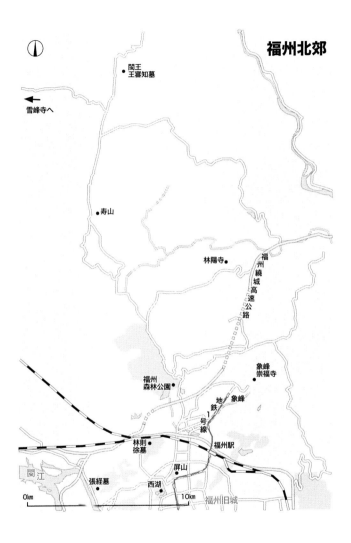

CHINA
福建省

た墓誌銘が出土した。

林則徐墓 林则徐墓 lín zé xú mù リィンチェエスウムウ[★☆☆]
福州市街の北西5㎞、馬鞍村の金獅山麓に位置する林則徐（1785〜1850年）の墓。福州出身の官吏林則徐はイギリス商人の密輸するアヘンのとり締まりにあたり、現在では中国近代の民族的英雄とされる。イギリスの圧力を受けて1840〜42年のアヘン戦争のなかで罷免され、広東省潮州で病死したのち、故郷の福州で葬られた。この墓は1826年、林則徐が在命中、父母のためにつくったもので、林則徐本人のほ

か父母、妻、弟など一族が埋葬されている。1961年に再建され、赤土、石灰、砂利からなる三合土を素材とする4層のたたずまい、墓前には一対の石獅子も見える。

福州森林公園 福州森林公园 fú zhōu sēn lín gōng yuán
フウチョウサァンリィンゴォンユゥエン ［★☆☆］

豊かな亜熱帯の自然を利用して整備された福州森林公園（福州植物園）。榕樹園、桜花園はじめ、竹類観賞園、珍稀植物園からなり、3000種類もの品種が栽培されている。また敷地内には仏教寺院や磨崖石刻も見られる。

福建省

崇福寺 崇福寺 chóng fú sì チョォンフウスウ ［★☆☆］

福州郊外の象峰山麓に立ち、白壁、黒の屋根瓦、赤の格子窓をもつ伽藍が展開する崇福寺。北宋の977年に創建されたあと衰退したが、明末清初に再興され、福州五大禅寺の一角をしめた。15世紀以降、福州と日本の長崎を結ぶ航路に乗って、福州から長崎を訪れる華僑が増え、長崎の三福寺（中国寺）のなかで、1629年、超然によって建てられた崇福寺（福州寺）は、福州崇福寺をもとにする。

▲左　福州の福は仏にも通じる、かつて仏国と呼ばれた。　▲右　天秤棒をかつぐ人びとに出合った

林陽寺 林阳寺 lín yáng sì リィンヤァンスウ［★☆☆］

五代十国の閩代（931もしくは936年）に創建された林陽寺。創建当初は林洋院と号し、興亡を繰り返したが、清代、涌泉寺の援助のもと再興された。瑞峰の麓に位置する。

寿山 寿山 shòu shān ショウシャン［★☆☆］

福州市街の北にそびえる標高900mの寿山。唐宋時代には仏教の僧侶が修行し、ここを拠点に義存禅師が布教を行なっていた。芙蓉洞には100人を収容できる開山堂があり、またこの山でとれる寿山石は印鑑や彫刻などで重用される。

福建省

雪峰寺 雪峰寺 xuě fēng sì シュゥエフェンスウ [★☆☆]

雪峰寺は鳳凰山の南麓にたたずむ古刹で、870年、中国仏教屈指の名僧である義存（822～908年）によって建立された。義存は泉州出身の福建人で、門弟は1500人におよび、唐の皇室から真覚大師の号と紫袈裟を下賜されている（ここ雪峰寺は、多くの名僧を輩出した）。894年、唐に替わった閩の王審知が保護者となり、「大雄宝殿」「法堂」「斎堂」「鐘楼」などが整備されていった。そのほかには雪峰寺を開いた義存がまつられた「義存祖師塔」、義存が庵を結んで暮らした高さ3.3m、周囲7mの「枯木庵」も見える。雪峰崇聖禅寺と

Fuzhou

福州北郊城市案内

も呼ばれ、福州五大禅院のひとつに挙げられる。福州市街から 76 km。

Guide, Ma Wei
馬尾
城市案内

より東海へ近い場所に位置する外港の馬尾
大型船はここに停泊し小型船に乗り換えて
福州旧城に向かうといったことも見られた

馬尾 马尾 mǎ wěi マアウェイ ［★★☆］

馬尾は、福州から16kmくだったところに位置する港町。福州西方で南北にわかれた閩江が合流する場所で、福州市街南の閩江は川底が浅く、大型船の停泊にも向いていないため、馬尾港は古くから福州の外港（「海の窓口」）となってきた。鄭和の艦隊や海のシルクロードといった話でもたびたび顔をのぞかせ、馬尾に立つ羅星塔はそのシンボルだった。福州が開港した近代以降、馬尾に港湾施設がつくられ、遡行してきた大型船は馬尾で停泊し、そこから小型船に乗り換えて福州旧城に向かうという光景も見られた。馬尾から45kmで閩江

【地図】福州東郊外

【地図】福州東郊外の [★★★]
- □ 鼓山 鼓山 グウシャン
- □ 涌泉寺 涌泉寺 ヨォンチュゥアンスウ
- □ 羅星塔 罗星塔 ルゥオシィンタア

【地図】福州東郊外の [★★☆]
- □ 馬尾 马尾 マアウェイ

【地図】福州東郊外の [★☆☆]
- □ 長楽 长乐 zhǎng lè チャァンラア
- □ 天妃霊応之記碑 天妃灵应之记碑 ティエンフェイリィンイィンチイジイベェイ
- □ 三峰寺塔 三峰寺塔 サァンフェンスウタア
- □ 閩安鎮 闽安镇 ミィンアァンチェン
- □ 五虎門 五虎门 ウウフウメン

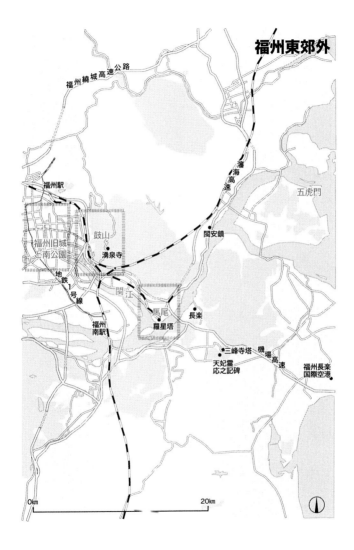

【地図】馬尾

【地図】馬尾の [★★★]
- □ 羅星塔 罗星塔 ルゥオシィンタア

【地図】馬尾の [★★☆]
- □ 馬尾 马尾 マアウェイ

【地図】馬尾の [★☆☆]
- □ 馬江昭忠祠 马江昭忠祠 マアジィアンチャオチョオンツウ
- □ 福建船政一号船塢 福建船政一号船坞 フウジィエンチュゥアンチャンイイハァオチュゥアンウウ

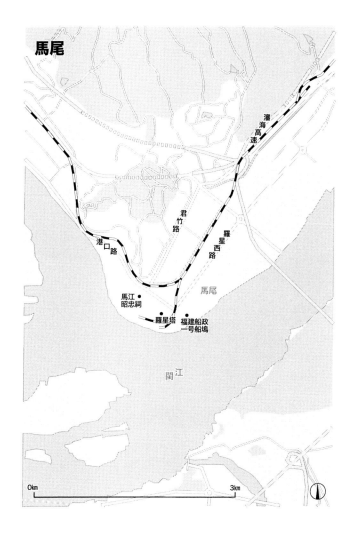

福建省

河口部にいたる。

羅星塔 罗星塔 luō xīng tǎ ルゥオシィンタア ［★★★］
福州の外港にあたった馬尾港の羅星山に立つ羅星塔（磨心塔ともいう）。楼閣式石塔の高さは31.5mになり、閩江を往来する船乗りたちへの灯台の役割を果たしてきた。宋代（960～1279年）、広東人の柳七娘は、有力者の求婚を断ったことで、夫ともに福州に流された。夫は苦役に従事させられ、やがて生命を落とした。これに哀しみ、憤った柳七娘は財産を売り、夫の冥福を祈って塔を建てたのが羅星塔のはじまりだ

▲左　馬尾に立つ羅星塔、灯台の役割を果たした。　▲右　イギリスのアヘン密輸と戦った林則徐は福州人

という。その後、明代（17世紀）に再建され、清代末期の1884年に、中国とフランスがこの塔近くで戦火（清仏戦争）を交えたため、損傷することもあった。1964年に公園として整備され、塔の上部からは閩江の流れが見える。

馬江昭忠祠 马江昭忠祠 mǎ jiāng zhāo zhōng cí
マアジィアンチャオチョオンツウ ［★☆☆］

紅の外壁に周囲をおおわれ、門前に大砲がおかれた馬江昭忠祠。馬江とはこのあたりの閩江の呼称で、1884年の「馬江の役（清仏戦争）」で生命を落とした兵士たちがまつられて

いる。西欧列強が中国へ進出するなか、ベトナムの宗主権をめぐって、清朝とフランスは戦い、馬尾の福建海軍は壊滅された(この戦いで清朝はベトナムの宗主権を放棄させられた)。こうして清朝末期に建てられた馬江昭忠祠は、現在、福州馬江海戦紀念館として転用されている。

中国近代化の焦点となった馬尾

1840〜42年のアヘン戦争に敗れ、1851〜64年の太平天国の乱の鎮圧でも、西欧製武器が活躍したことから、清朝は近代化へと舵を切るようになった。この中国の近代化は西欧の

Fuzhou 馬尾城市案内

拠点がおかれた開港場からはじまり、1866年、閩浙総督左宗棠（1812〜85年）が福州馬尾山の麓に船政局を創設した。福州船政局は中国で最初の海軍学校と近代的造船所となり、フランス人技術者を顧問とした。地理、歴史、物理、代数学、三角術、幾何学などの講義を通じて人材育成にも力を入れたことから、中国海軍将校の7割は福建出身と言われるほどだった。福州船政局のほかにも、馬尾には海関分署、郵便局、電報局などがおかれ、上海や天津とともに中国近代化の先駆けとなった。上海では1865年、李鴻章設立の上海江南製造局、天津では1867年、天津機器局が設立されている。

福建省

福建船政一号船坞 福建船政一号船坞
fú jiàn chuán zhèng yī hào chuán wù フウジィエンチュゥアンチャンイイハァオチュゥアンウウ [★☆☆]

福建船政一号船坞は1866年、福州馬尾に創設されたドッグ跡。閩浙総督左宗棠（1812～85年）の設立した、福州船政局が近くにあった（左宗棠は曽国藩のもとで太平天国平定に貢献し、洋務運動を推進した）。

▲左　小高い丘に羅星塔が立つ。　▲右　1884年の清仏戦争で馬尾の艦隊は壊滅状態になった。

長楽 长乐 zhǎng lè チャァンラア［★☆☆］

馬尾から少しくだった閩江河口部に位置する長楽（馬尾の対岸）。春秋戦国時代、ここで呉王夫差が船をつくったという伝説が残り、三国（220〜280年）時代の呉の孫権が典船校尉（船舶の管理を行なう）をおいたこともわかっている。明代、鄭和（1371〜1434年）がその航海のなかで、長楽に足をとどめ、船の整備を行なうなど、航海の拠点となってきた。

CHINA
福建省

天妃霊応之記碑 天妃灵应之记碑 **tiān fēi líng yīng zhī jì bēi**
ティエンフェイリィンイィンチイジイベェイ ［★☆☆］

福州近郊の長楽南山に立つ高さ 1.6m の天妃霊応之記碑。この碑は、鄭和が南海遠征にあたって、長楽南山の天后宮に参って航海の安全を祈願した記録で、明代初期の 1431 年に建立された（船が福州を出発したあと、羅星塔、長楽などで、道士による祭祀が行なわれ、海に出るまでに時間がかかった）。鄭和の船団の人数や航海時期が記され、近くには鄭和史跡陳列館も残る。

【MEMO】

三峰寺塔 三峰寺塔
sān fēng sì tǎ サァンフェンスウタア [★☆☆]

長楽にそびえる南山の山頂に立つ三峰寺塔。高さ27mの楼閣式石塔は、北宋の1117年の建立された。各層には彫刻がほどこされ、第7層には鄭和が4度目の航海にあたって、この地を訪れ、三峰寺を補修したと記されている。現在、三峰寺はなく、塔のみが残る。

Fuzhou 馬尾城市案内

閩安鎮 闽安镇 mǐn ān zhèn ミィンアァンチェン ［★☆☆］
閩江河口に近い閩安鎮は、福州を目指して閩江を遡行してきた朝貢船のための最初の窓口（役所）がおかれたところ。閩安鎮巡検司は、朝貢船の到着を確認し、査験を行なった（倭寇や海賊の心配があるときは、ここ閩安鎮から護衛の船がそばについたという）。閩安鎮の港にかかる長さ 66m、幅 4.8m の花崗岩製の「迴竜橋」、閩江を隔てた対岸には山と花崗岩がつくる美しい風景をもち、閩江七景にあげられる「金剛腿」が知られる。福州から 25 km。

福建省

五虎門 五虎门 wǔ hǔ mén ウウフウメン ［★☆☆］

福州への入口となる閩江河口部には、5つの虎に似た岩が浮かび、この岩にちなんで閩江河口部を五虎門と呼ぶ。琉球からの朝貢船も、五虎門を目指すなど、福州を訪れる人びとの目印となってきた。また福州から外海を目指す船は途中、閩江ほとりの羅星塔、天后宮などで祭祀を行なったことから、福州から20日かけて五虎門にいたり外海に出ることもあったという。福州から50㎞。

福州郊外城市案内

Guide, Fu Zhou Jiao Qu

CHINA
福建省

江戸時代、黄檗宗を伝えた隠元は
福州近郊の黄檗山万福寺の僧侶だった
「古黄檗」は日本人にとっても思い入れある場所

福清 福清 fú qīng フウチィン ［★☆☆］

福州から南に40km離れた海岸沿いに位置する福清。東海に面し、山がちな地形から農業に向いておらず、水産業や製塩業で知られてきた。唐代の699年に県がおかれ、当初は福東と呼ばれていたが、閩国の933年、「山自永福里、水自清源里」の言葉から福清と呼ばれるようになった。宋代、福清石坑村で焼かれた黒釉陶磁器が有名だったほか、日本にもゆかりのある黄檗山が位置する。また華僑をよく輩出する土地柄で、インドネシアにおける華僑の多くは、福清魚渓を故郷とする。

黄檗山万福寺 黄檗山万福寺 huáng bò shān wàn fú sì
フゥアンボオシャンワァンフウスウ ［★★☆］

福清市街から南西15km、周囲の山に抱かれるように立つ黄檗山万福寺。この地から海を渡った隠元（1592〜1673年）が京都宇治に黄檗山萬福寺を開き、黄檗宗を日本に伝えるなど、「黄檗宗発祥の地」と知られる。もともと唐代の789年、黄檗希運（禅宗の一派である臨済宗を開いた義玄の師）によって開かれことをはじまりとする。元代に入っておとろえ、明代、倭寇の襲撃を受けて消失したが、隠元によって再興された。長崎興福寺の逸然の招きで隠元が日本に渡ったあとも、

【地図】福州郊外

【地図】福州郊外の [★★★]
- ☐ 鼓山 鼓山グウシャン

【地図】福州郊外の [★★☆]
- ☐ 黄檗山万福寺 黄檗山万福寺 フゥアンボオシャンワァンフウスウ
- ☐ 馬尾 马尾マアウェイ

【地図】福州郊外の [★☆☆]
- ☐ 福清 福清フウチィン
- ☐ 石竹寺 石竹寺シイチュウスウ
- ☐ 瑞雲塔 瑞云塔ルゥイユゥンタア
- ☐ 青雲山御温泉 青云山御温泉 チィンユゥンシャンユウウェンチュゥアン
- ☐ 平潭 平潭ピンタァン
- ☐ 赤岸村 赤岸村チィアンチュン
- ☐ 五虎門 五虎门ウウフウメン
- ☐ 雪峰寺 雪峰寺シュゥエフェンスウ

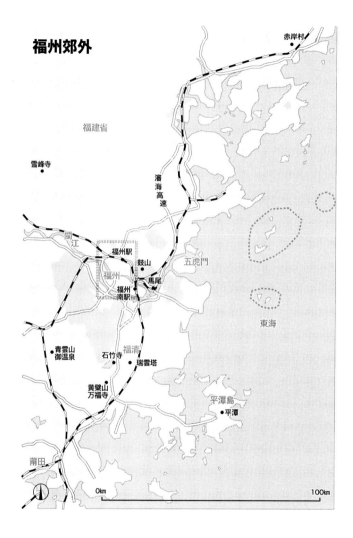

ここから70人もの僧が日本に渡っている。日本の黄檗山萬福寺にくらべて衰退していったが、現在は再興が進み、中軸線に伽藍が続き、法堂には観音菩薩とともに隠元の画も飾られている。

黄檗宗とは

黄檗宗は臨済宗や曹洞宗とともに禅宗の一派で、江戸時代の1654年、福清から渡来した隠元隆琦（1592〜1673年）によって日本にもたらされた。黄檗宗が臨済宗（栄西）や曹洞宗（道元）と異なるのは、それを伝えたのが中国人（隠元）であっ

福州郊外城市案内 Fuzhou

たということ。中国で使われている文化をそのままともない、臨済宗が「ハンニャハラミタ」と読む『般若心経』を黄檗宗は「ポゼポロミト」と読むといった特徴がある。黄檗宗はその教えだけでなく、伽藍建築、書画、普茶料理など、当時最先端の中国文化を日本に伝えた。江戸時代の日本にとって中国は憧憬の国であり、隠元は江戸幕府の保護を受けて京都に土地があたえられ、日本の黄檗山萬福寺が開山された。

福建省

石竹寺 石竹寺 shí zhú sì シイチュウスウ ［★☆☆］
福清石竹山の中腹、急な勾配にあわせて伽藍が展開する石竹寺。寺院の建立は唐代の847年にさかのぼり、あたりには奇岩や竹松などが点在している。また伝説では、唐よりさかのぼる漢代、福州于山で修行をしていた何氏九兄弟がこの山で仙人になったと伝えられる。そのため、石竹寺九仙楼に滞在し、よい夢を見たならばそれがかなうという。

瑞雲塔 瑞云塔 ruì yún tǎ ルゥイユゥンタア ［★☆☆］
福清東南の丘に立ち、美しいたたずまいを見せる瑞雲塔。明

▲左　中国各地へ発車するバスを待つ人たち。　▲右　空海入唐の石碑が見られる、開元寺にて

代の 1606 年から造営がはじまり、完成までに 10 年を要した八閣七層の楼閣式石塔は、高さ 30m を超す。

青雲山御温泉 青云山御温泉 qīng yún shān yù wēn quán
チィンユゥンシャンユウウェンチュゥアン［★☆☆］

唐代から福州の人びとは温泉に親しんでいたと言われ、とくに清代と中華民国時代に温泉開発がさかんになった。福清郊外の青雲山御温泉は自然のなかで滞在できるリゾート施設で、あたりは青雲山峡谷瀑布景区となっている。

CHINA
福建省

平潭 平潭 píng tán ピンタァン ［★☆☆］

福州から南東に 80 km、洋上に浮かぶ平潭。この福建省最大の島（中国第 5 の島）は、海峡大橋で大陸と結ばれている。台湾へ近く、長江デルタ、珠江デルタという経済圏を結ぶ立地が注目され、平潭総合実験区が設置され、投資が呼び込まれている。

福州郊外城市案内

赤岸村 赤岸村 chì àn cūn チィアンチュン ［★☆☆］

804年、遣唐使として海を渡った空海が漂着した福州近郊の赤岸村。当時はここ「福州長渓県赤岸鎮巳南」あたりまで海がせまっていて、「空海坊」と書かれた牌坊が立ち、「空海漂着の碑」も見える。また日本の真言宗信者の協力もあって建てられた「空海大師紀念堂」には空海の木像が安置されている。赤岸村に漂着した空海は、嘆願書を書くことで正式に入国が認められ、都長安へ向かうことになった。福州から120km離れた海岸地帯に位置する。

福州と海
往来する
人たち

東海へ流れ込む閩江の河口部に開けた福州
長らく福建の中心地であるという性格から
海路を通じてさまざまな往来があった

Fuzhou 福州と海往来する人たち

福州華僑の活躍

東海に面した福州（閩東）では、人びとは唐宋（618〜1279年）時代から外海へ繰り出してきた。マレー半島、シンガポール、インドネシアで福州人は現地コミュニティをつくり、東マレーシアのサラワク、ブルネイは福州人によって開拓されたという面もある。これら福州語を紐帯とする福州華僑は「福州幫」と呼ばれ、現地で商売、教育、医療などの相互扶助を行なった。福州人が建てた同郷会館はしばしば福州の三山からとった「三山会館」と呼ばれ、各種行事では福州語による福州劇が催された。江戸時代の長崎では、華僑によって

CHINA
福建省

三福寺が建てられたが、崇福寺が福州華僑、興福寺が浙江華僑、福済寺が閩南華僑によるものだった。また20世紀後半に、日本への不法入国を試みた人の多くが、福建省福清市の若者であったという。

倭寇の跋扈と活躍と

福建、広東などの中国東南沿岸部から、西日本、琉球、朝鮮、台湾、フィリピンにいたるまで、密貿易や略奪を行なっていた海賊を倭寇と呼ぶ。14〜15世紀にかけて倭寇は、その多数が西日本や九州の日本人であったため、「倭(日本)」の文

▲左　四隅のそりあがった屋根がこの地方の建築の特徴。　▲右　近代中国の民族的英雄林則徐の墓は福州郊外に位置する

字が使われた。16世紀に入ると日本人は少なく、倭寇のほとんどが中国人であったという。明（1368〜1644年）代、「北虜南倭」の言葉でも知られるように、倭寇の跋扈は明朝を大いに悩まし、福州には倭寇討伐で成果をあげた戚継光ゆかりの戚公祠や張経墓も残る。この時代の倭寇の首領王直（〜1559年）は鉄砲伝来に居あわせるなど、日本とゆかりも深く、王直の船団は顔思斎、鄭芝竜へと受け継がれ、鄭芝竜は日本人と結婚して鄭成功（1624〜62年）が生まれている。明清交代期にあって、鄭成功は厦門や福州など福建省沿岸部を中心に勢力を広げ、独立国の様相を見せていた。

福州と海往来する人たち　Fuzhou

CHINA
福建省

空海、福州へ

804年の遣唐使船では、藤原葛野麻呂を大使とする第1船に空海が、第2船に最澄が乗船していた。これら遣唐使船は五島列島から東海を一気に渡る南路を進んだが、空海の第1船は34日間漂流したのち、本来の目的地であった長江河口から南に流され、福州近くの海岸（赤岸鎮）に漂着した。赤岸鎮では対応に困り、より大きな行政府である渓県、続いて福州へ向かうことになった。空海ら遣唐使団は福州馬尾港に着いたが、福州刺史閻済美に国（日本）を代表する使節であると認められなかった。そのとき空海は「賀能、啓す」からは

Fuzhou 福州と海往来する人たち

じまる「大使の為に福州の観察使に与える書」を認め、空海の深い教養と美しい文章が福州刺史閻済美を驚かせた。遣唐使団は上陸を許可され、衣食住のもてなしを受け、長安（西安）行きを許可された。空海は福州にとどまったのち、長安の青龍寺で密教を学んだが、一方の最澄は長安行きがかなわず、浙江省天台山で天台宗を学んだ。

CHINA
福建省

隠元の東渡

隠元(1592〜1673年)は福州近く、黄檗山の位置する福清県で生まれた。29歳で出家し、浙江省や黄檗山で修行を積み、黄檗山萬福寺の住職となっていた。当時、長崎の華僑はしばしば本国から名僧を呼び、隠元は自らの東渡より10年前の1644年に長崎へ渡っていた逸然の招きを受けていた。弟子や周りの人びととの反対もあって、隠元は三度断ったが、ついに東渡を決め、1654年、中国僧30名を引き連れて泉州から厦門へ向かい、鄭成功の船に乗って15日かけて長崎へ到着した(長崎崇福寺の招来に応じた福州鳳山報国寺の也懶性圭

▲左　帆を立てて進むジャンク船。　▲右　洋務運動の舞台となった福建船政一号船塢にて

は厦門から出港したものの、難破して命を落とすという事件があった)。当初、3年で帰る予定だったが、江戸幕府の保護を受けて、1661年、隠元は京都宇治に黄檗山萬福寺を開山した。江戸時代に生きる人びとの中国趣味への憧憬もあって、優れた建築、絵画、煎茶、料理などが隠元の黄檗宗を通じて日本に広がった。このとき隠元が日本にもたらした食べものとして、隠元豆、レンコン、スイカなどがある。

参考文献

『福州攷』（野上英一 / 臺灣總督府熱帯産業調査會）

『福州上下杭社区(福建省)の空間構成に関する考察 その1：社区構成と施設分布』（大日方覚・山田香波・趙冲・布野修司 / 学術講演梗概集）

『中国福建省・琉球列島交渉史の研究』（中国福建省・琉球列島交渉史研究調査委員会 / 第一書房）

『福州琉球館物語』（多和田真助 / ひるぎ社）

『沖縄空手道の歴史』（新垣清 / 原書房）

『中国福建省福州市の道教信仰』（川添裕希 / 西郊民俗）

『福州戯台見学記』（川島郁夫 / 東京外国語大学論集）

『元代福州萬壽橋の建設と頭陀教』（都通憲三朗 / 佛教経済研究）

『自由と国民 厳復の模索』（區建英 / 東京大学出版会）

『近代黎明期福建茶の生産と貿易構造』（陳慈玉著・小西高弘訳 / 福岡大学経済学論叢）

『世界大百科事典』（平凡社）

倉山区旅游局（中国語）http://lyj.fzcangshan.gov.cn/

［PDF］福州地下鉄路線図 http://machigotopub.com/pdf/fuzhoumetro.pdf

［PDF］福州 STAY（ホテル＆レストラン情報）http://machigotopub.com/pdf/fuzhoustay.pdf

まちごとパブリッシングの旅行ガイド

Machigoto INDIA , Machigoto ASIA , Machigoto CHINA

【北インド - まちごとインド】

001 はじめての北インド
002 はじめてのデリー
003 オールド・デリー
004 ニュー・デリー
005 南デリー
012 アーグラ
013 ファテープル・シークリー
014 バラナシ
015 サールナート
022 カージュラホ
032 アムリトサル

【西インド - まちごとインド】

001 はじめてのラジャスタン
002 ジャイプル
003 ジョードプル
004 ジャイサルメール
005 ウダイプル
006 アジメール（プシュカル）
007 ビカネール
008 シェカワティ
011 はじめてのマハラシュトラ
012 ムンバイ
013 プネー
014 アウランガバード
015 エローラ
016 アジャンタ
021 はじめてのグジャラート
022 アーメダバード
023 ヴァドダラー（チャンパネール）
024 ブジ（カッチ地方）

【東インド - まちごとインド】

002 コルカタ
012 ブッダガヤ

【南インド - まちごとインド】

001 はじめてのタミルナードゥ
002 チェンナイ
003 カーンチプラム
004 マハーバリプラム
005 タンジャヴール
006 クンバコナムとカーヴェリー・デルタ
007 ティルチラパッリ
008 マドゥライ
009 ラーメシュワラム
010 カニャークマリ
021 はじめてのケーララ
022 ティルヴァナンタプラム
023 バックウォーター（コッラム～アラップーザ）
024 コーチ（コーチン）
025 トリシュール

【ネパール - まちごとアジア】

001 はじめてのカトマンズ
002 カトマンズ
003 スワヤンブナート

004 パタン
005 バクタプル
006 ポカラ
007 ルンビニ
008 チトワン国立公園

【バングラデシュ - まちごとアジア】

001 はじめてのバングラデシュ
002 ダッカ
003 バゲルハット（クルナ）
004 シュンドルボン
005 プティア
006 モハスタン（ボグラ）
007 パハルプール

【パキスタン - まちごとアジア】

002 フンザ
003 ギルギット（KKH）
004 ラホール
005 ハラッパ
006 ムルタン

【イラン - まちごとアジア】

001 はじめてのイラン
002 テヘラン
003 イスファハン
004 シーラーズ
005 ペルセポリス
006 パサルカダエ（ナグシェ・ロスタム）
007 ヤズド
008 チョガ・ザンビル（アフヴァーズ）
009 タブリーズ

010 アルダビール

【北京 - まちごとチャイナ】

001 はじめての北京
002 故宮（天安門広場）
003 胡同と旧皇城
004 天壇と旧崇文区
005 瑠璃廠と旧宣武区
006 王府井と市街東部
007 北京動物園と市街西部
008 頤和園と西山
009 盧溝橋と周口店
010 万里の長城と明十三陵

【天津 - まちごとチャイナ】

001 はじめての天津
002 天津市街
003 浜海新区と市街南部
004 薊県と清東陵

【上海 - まちごとチャイナ】

001 はじめての上海
002 浦東新区
003 外灘と南京東路
004 淮海路と市街西部
005 虹口と市街北部
006 上海郊外（龍華・七宝・松江・嘉定）
007 水郷地帯（朱家角・周荘・同里・甪直）

【河北省 - まちごとチャイナ】

001 はじめての河北省
002 石家荘
003 秦皇島
004 承徳
005 張家口
006 保定
007 邯鄲

【江蘇省 - まちごとチャイナ】

001 はじめての江蘇省
002 はじめての蘇州
003 蘇州旧城
004 蘇州郊外と開発区
005 無錫
006 揚州
007 鎮江
008 はじめての南京
009 南京旧城
010 南京紫金山と下関
011 雨花台と南京郊外・開発区
012 徐州

【浙江省 - まちごとチャイナ】

001 はじめての浙江省
002 はじめての杭州
003 西湖と山林杭州
004 杭州旧城と開発区
005 紹興
006 はじめての寧波
007 寧波旧城
008 寧波郊外と開発区
009 普陀山
010 天台山
011 温州

【福建省 - まちごとチャイナ】

001 はじめての福建省
002 はじめての福州
003 福州旧城
004 福州郊外と開発区
005 武夷山
006 泉州
007 廈門
008 客家土楼

【広東省 - まちごとチャイナ】

001 はじめての広東省
002 はじめての広州
003 広州古城
004 天河と広州郊外
005 深圳（深セン）
006 東莞
007 開平（江門）
008 韶関
009 はじめての潮汕
010 潮州
011 汕頭

【遼寧省 - まちごとチャイナ】

001 はじめての遼寧省
002 はじめての大連
003 大連市街
004 旅順
005 金州新区

006 はじめての瀋陽
007 瀋陽故宮と旧市街
008 瀋陽駅と市街地
009 北陵と瀋陽郊外
010 撫順

【重慶 - まちごとチャイナ】

001 はじめての重慶
002 重慶市街
003 三峡下り（重慶〜宜昌）
004 大足

【香港 - まちごとチャイナ】

001 はじめての香港
002 中環と香港島北岸
003 上環と香港島南岸
004 尖沙咀と九龍市街
005 九龍城と九龍郊外
006 新界
007 ランタオ島と島嶼部

【マカオ - まちごとチャイナ】

001 はじめてのマカオ
002 セナド広場とマカオ中心部
003 媽閣廟とマカオ半島南部
004 東望洋山とマカオ半島北部
005 新口岸とタイパ・コロアン

【Juo-Mujin（電子書籍のみ）】

Juo-Mujin 香港縦横無尽
Juo-Mujin 北京縦横無尽
Juo-Mujin 上海縦横無尽

【自力旅游中国 Tabisuru CHINA】

001 バスに揺られて「自力で長城」
002 バスに揺られて「自力で石家荘」
003 バスに揺られて「自力で承徳」
004 船に揺られて「自力で普陀山」
005 バスに揺られて「自力で天台山」
006 バスに揺られて「自力で秦皇島」
007 バスに揺られて「自力で張家口」
008 バスに揺られて「自力で邯鄲」
009 バスに揺られて「自力で保定」
010 バスに揺られて「自力で清東陵」
011 バスに揺られて「自力で潮州」
012 バスに揺られて「自力で汕頭」
013 バスに揺られて「自力で温州」
014 バスに揺られて「自力で福州」

【車輪はつばさ】
南インドのアイラヴァテシュワラ寺院には建築本体に車輪がついていて寺院に乗った神さまが人びとの想いを運ぶと言います。

・本書はオンデマンド印刷で作成されています。
・本書の内容に関するご意見、お問い合わせは、発行元の
　まちごとパブリッシング info@machigotopub.com までお願いします。

まちごとチャイナ
福建省004福州郊外と開発区
～「閩江」の流れとともに [モノクロノートブック版]

2017年11月14日　発行

著　者	「アジア城市（まち）案内」制作委員会
発行者	赤松　耕次
発行所	まちごとパブリッシング株式会社 〒181-0013　東京都三鷹市下連雀4-4-36 URL http://www.machigotopub.com/
発売元	株式会社デジタルパブリッシングサービス 〒162-0812　東京都新宿区西五軒町11-13 清水ビル3F
印刷・製本	株式会社デジタルパブリッシングサービス URL http://www.d-pub.co.jp/

MP149

ISBN978-4-86143-283-5 C0326　　　Printed in Japan
本書の無断複製複写（コピー）は、著作権法上での例外を除き、禁じられています。